BEI GRIN MACHT SICH IHR WISSEN BEZAHLT

- Wir veröffentlichen Ihre Hausarbeit,
  Bachelor- und Masterarbeit

- Ihr eigenes eBook und Buch -
  weltweit in allen wichtigen Shops

- Verdienen Sie an jedem Verkauf

Jetzt bei www.GRIN.com hochladen und kostenlos publizieren

Die Bedeutung von NoSQL-Datenbanken. Merkmale und Hintergründe

Justin Edelmann

Bibliografische Information der Deutschen Nationalbibliothek:

Die Deutsche Nationalbibliothek verzeichnet diese Publikation in der Deutschen Nationalbibliografie; detaillierte bibliografische Daten sind im Internet über http://dnb.d-nb.de abrufbar.

ISBN: 9783389033616
Dieses Buch ist auch als E-Book erhältlich.

© GRIN Publishing GmbH
Trappentreustraße 1
80339 München

Druck und Bindung: Books on Demand GmbH, Norderstedt Germany
Gedruckt auf säurefreiem Papier aus verantwortungsvollen Quellen

Das Buch bei GRIN: https://www.grin.com/document/1477164

28. Dezember 2023

Die Bedeutung von NoSQL-Datenbanken

Merkmale dieses Datenbanktyps und Hintergründe seiner Entstehung

Justin Edelmann

Gliederung

1. Einleitung

1.1 Fallbeispiel und Problemdarstellung

Aufgrund des exponentiellen Wachstums von Daten und Dateien im Kontext der digitalen Transformation sind viele Unternehmen vor der Herausforderung gestellt, neue Wege in der Datenverwaltung zu erkunden. Traditionelle Datenbanksysteme, die für wohlstrukturierte Daten und stabile, vorhersagbare Lasten ausgelegt worden sind, stoßen in dem neuen Umfeld der stetig steigenden Datenflut an ihre Grenzen. Heutzutage sind die Daten häufig unstrukturiert, voluminös und erfordern eine flexible und skalierbare Verarbeitung, die traditionelle Systeme nur schwer bieten können.[1]

NoSQL-Datenbanken sind als Reaktion auf diese Herausforderungen entstanden und haben sich zu einer wesentlichen Komponente für viele Unternehmen entwickelt, die mit Big Data arbeiten. Diese versprechen eine verbesserte Leistungsfähigkeit bei der Verarbeitung großer und komplexer Datensätze.[2]

Diese Arbeit thematisiert, inwieweit NoSQL-Datenbanken eine Antwort auf die Anforderungen der modernen Datenverwaltung sind, stellt dabei verschiedene Typen von NoSQL-Datenbanken vor und untersucht ihre Eigenschaften und konkrete Anwendungsfälle.

1.2 Ziele und Aufbau im Rahmen der Arbeit

Der Fokus liegt hierbei auf der Untersuchung der Bedeutung von NoSQL-Datenbanken. Das Ziel ist es, ein umfassendes Verständnis für die Notwendigkeit und Funktionsweise von NoSQL-Datenbanken zu entwickeln und diese im Kontext der modernen Datenverarbeitung zu positionieren.

Zu Beginn werden in den Grundlagen die essenziellen Prinzipien der Datenspeicherung und der Aufbau konventioneller Datenbanksysteme dargelegt. Im Hauptteil wird auf die Entstehungsgeschichte sowie die spezifischen Eigenschaften und Vor- und Nachteile von

---

[1] Vgl. (Kaufmann & Meier, 2023), S. 11
[2] Vgl. (Kaufmann & Meier, 2023), S. 3

NoSQL-Datenbanken eingegangen. Des Weiteren werden konkrete Anwendungsbereiche von NoSQL-Datenbanken betrachtet.

Im abschließenden Teil werden die Kernpunkte der Arbeit zusammengefasst. Zudem erfolgt eine kritische Reflexion der Ergebnisse.

2. Grundlagen

Eine Datenbank ist eine dauerhafte und autonome Sammlung von Daten, die sicher und flexibel verwaltet wird. Sie ermöglicht Benutzern den Zugriff auf die gespeicherten Daten, ohne dass Kenntnisse über die interne Organisation erforderlich sind. Sie schützt ebenso vor unbefugtem Zugriff und verhindert Datenverlust oder -beschädigung durch Fehlbedienungen.[3]

Die Komponenten Datenbank und Datenbankmanagementsystem (DBMS) bilden gemeinsam das Datenbanksystem. Das DBMS ist der zentrale Bestandteil eines Datenbanksystems, der alle notwendigen Datenbankfunktionen wie Suchen, Lesen und Schreiben von Daten ermöglicht. Ebenso stellt es sicher, dass der Zugriff auf die Datenbank nur über spezifische, definierte Schnittstellen erfolgt.[4]

In der Datenbanktechnologie gibt es vier grundlegende Modelle, die die Struktur und Organisation der Daten beeinflussen. Diese sind:

- relationale,
- objektorientierte,
- hierarchische und netzwerkartige Datenbankmodelle und
- NoSQL-Datenbanken, auch nicht-relationale Datenbanken genannt.

Relationales Datenbankmodell

Bei relationalen Datenbanken werden die Daten geordnet nach Entitäten in Form von Tabellen gespeichert.[5]

---

[3] Vgl. (Steiner, 2021), S. 5 ff.
[4] Vgl. (Kaufmann & Meier, 2023), S.3
[5] Vgl. (Steiner, 2021), S. 8 ff.

Eine Entität ist hierbei ein individuelles, eindeutig identifizierbares Objekt der realen Welt, welches bestimmte Attribute besitzen kann. Attribute bestehen immer aus einem Namen und einem Datentyp (z.B. ganze Zahlen, Text, Datum, usw.) und werden zur Modellierung von Eigenschaften einer Entität genutzt. Entitäten des gleichen Typs fasst man zu Entitätstypen zusammen, welche gemeinsam mit ihren Attributen in einer Tabelle gespeichert werden. [6]

Tabellen können hier relativ einfach hinzugefügt oder gelöscht werden (Änderungen am logischen Datenbankaufbau) und Zugriffe auf Tabellen sind sehr einfach zu programmieren, wodurch dieser Datenbanktyp große Beliebtheit erlangte. Jedoch entstehen durch Zugriffe oft verlängerte Laufzeiten und viele Ein- und Ausgaben, da das Lesen und Zusammenfügen von mehreren Tabellen nötig wird. [7]

2.1 Objektorientiertes Datenbankmodell

Dieses Modell basiert auf Objekten, deren Zustand durch ihre jeweiligen Attribute und Methoden bestimmt wird. Objekte können wiederum verschiedene Entitäten repräsentieren.

Objektorientierte Datenbanken werden durch Konzepte ähnlich der objektorientierten Programmierung erweitert. Objekte können so über die jeweilige Schnittstelle kommunizieren, jedoch wird der vollständige Objektzustand nicht preisgegeben – Prinzip der Kapselung. Klassen fassen gleichartige Objekte samt ihren Attributen und Methoden zusammen. Ebenso können Unterklassen Attribute und Methoden von ihren Oberklassen erben. Die Hybridform, die objektrelationale Datenbank, vereint Elemente der Objektorientierung mit relationalen Datenbanken. Der Vorteil dieser Datenbanken liegt in ihrer Fähigkeit, komplexe Objekte direkt und ohne Reduktion auf einfache Strukturen, wie Tabellen, abzubilden. Objektrelationale Datenbanken sind jedoch komplexer aufgebaut als rein relationale Datenbanken, was für die Entwickler einen höheren Aufwand in Design und Programmierung bedeutet. [7]

---

[6] Vgl. (Kleuker, 2016), S. 23 f.
[7] Vgl. (Schicker, 2017), S. 11-14

2.2 Hierarchisches Datenbankmodell

Hierarchische Datenbanken sind durch eine Baumstruktur charakterisiert. Der Zugriff erfolgt immer von der Wurzel aus und bewegt sich in Richtung des gewünschten Knotens (s. Abbildung 1). Diese Struktur minimiert Redundanz und bietet schnelle Zugriffszeiten. Jedoch ist das Hauptproblem ihre hohe Inflexibilität bei Änderungen der Datenstruktur, was sie in modernen Anwendungen eher weniger geeignet macht.

2.3 Netzwerkartiges Datenbankmodell

Um die starre Struktur hierarchischer Datenbanken zu überwinden, wurde das netzwerkartige Datenbankmodell entwickelt. Hier sind die Daten in einem netzwerkartigen System verbunden (s. Abbildung 1), wodurch die Flexibilität deutlich erhöht wird. Allerdings führt die gewonnene Flexibilität zu einer komplexeren Struktur, was den Aufbau und die Verwaltung solcher Datenbanken deutlich anspruchsvoller macht. Trotz dieser Vorteile gilt dieses Modell als veraltet, da Strukturänderungen aufwendig und Zugriffe komplex sind.[7]

Hierarchische Datenbank

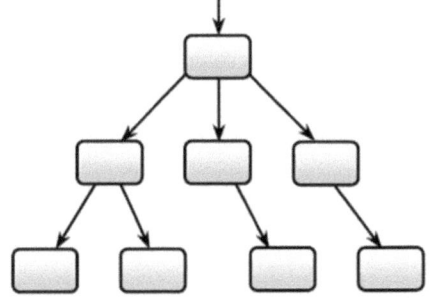

Netzwerkartige Datenbank

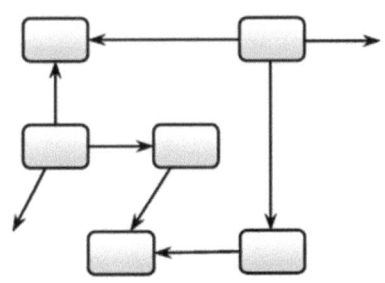

Abbildung 1 - Hierarchische und Netzwerkartige Datenbank[8]

---

[8] Vgl. (Schicker, 2017), S.14 (Abb. 1.4)

3. Hauptteil

3.1   Hintergründe der Entstehung von NoSQL-Datenbanken

Seit etwa 1970 sind relationale Datenbanktechnologien weit verbreitet und werden heutzutage immer noch erfolgreich eingesetzt, insbesondere in Verbindung mit SQL. Jedoch haben neue Anforderungen im Bereich der Datenverarbeitung, wie verteilte Anwendungen im Internet und anspruchsvolle Aufgaben wie Echtzeitanalysen mit großen und unstrukturierten Daten (auch bekannt unter Big Data), in den 2000er-Jahren zur Entwicklung und zum Einsatz von nicht-relationalen Technologien geführt. Diese Technologien werden unter dem Sammelbegriff „NoSQL"-Datenbanken zusammengefasst und bieten Lösungen für Herausforderungen, die mit relationalen Datenbanksystemen schwer zu bewältigen   sind.
NoSQL steht grundsätzlich für „Nicht-SQL", kann aber auch als „Not only SQL" übersetzt werden. Es gibt keine eindeutige Definition für NoSQL-Datenbanken, die Systeme definieren sich jedoch durch die in 3.2 in dargelegten Eigenschaften.[9]

3.2   Eigenschaften von NoSQL-Datenbanken

3.2.1 Nichtrelational

Im Gegensatz zu relationalen Datenbanken, die Daten in Tabellenform mit festen Schemata speichern, nutzen NoSQL-Datenbanken verschiedene, nicht-relationale, Datenbankstrukturen.[10] Diese Flexibilität ermöglicht es, komplexe Daten und Beziehungen effizienter und in einer für den jeweiligen Anwendungsfall passenderen Weise zu speichern.

3.2.2 Verteilte und horizontale Skalierbarkeit

NoSQL-Datenbanken sind oft darauf ausgerichtet, über eine große Anzahl von Servern verteilt zu sein. Dies ermöglicht, die Last und Daten über mehrere Maschinen zu verteilen, was   die   Belastbarkeit   und   Verfügbarkeit   der   Datenbank   erhöht.

---

[9] Vgl. (Weber, Gabriel, Lux, & Menke, 2022), S. 153 f.
[10] Vgl. (Kaufmann & Meier, 2023), S. 252

Die horizontale Skalierung (scale-out) ermöglicht wiederum das Hinzufügen weiterer Server zur Datenbankinfrastruktur.[10]

3.2.3 Schwache oder keine Schemarestriktionen

NoSQL-Datenbanken erfordern oft kein festes Schema, beziehungsweise bieten eine schwache bis keine Schemarestriktionen.[10] Das bedeutet, dass die Struktur der Daten beliebig sein kann. Dies ist besonders nützlich in Anwendungsbereichen, in denen sich die Datenstrukturen häufig ändern oder sehr unterschiedlich sind.

3.2.4 Datenreplikation und Zugriff

Die einfach gestaltete Datenreplikation trägt maßgeblich zur hohen Verfügbarkeit, Skalierbarkeit und Ausfallsicherheit dieser Systeme bei.[10] Der Zugriff auf die Daten wird durch eine Programmierschnittstelle (Application Programming Interface, API) vereinfacht.[10]

3.2.5 Konsistenzmodell

NoSQL-Datenbanksysteme nutzen ein schwächeres Konsistenzmodell als ACID von relationalen Datenbanken. Hier kommt zum Beispiel das Konsistenzmodell BASE infrage.[10] BASE (Basically Available, Soft State, Eventually Consistent) bedeutet, dass eine einzelne Datenbankserverinstanz meistens verfügbar ist (Basically Available) und manchmal eben nicht konsistent ist (Eventually Consistent), da sie die Änderungen an dem Datenbestand nur verzögert erhält. Eine Datenbank befindet sich hier in einem weichen Zustand (Soft State), das meint eben die Tatsache, dass eine Datenbank auf einer Serverinstanz noch nicht konsistent nachgeführt wurde.[11]

3.2.6 CAP-Theorem

Das CAP-Theorem besagt, dass in einem verteilten Datenbanksystem nur zwei der drei folgenden Eigenschaften gleichzeitig und vollständig gewährleistet werden können:

Consistency (Konsistenz): Alle Daten sind über alle Knoten in einem Netzwerk hinweg zu jedem Zeitpunkt konsistent. Wenn Daten an einem Knoten geändert werden, sehen alle anderen Knoten diese Änderung sofort.

---

[11] Vgl. (Fasel & Meier, 2016), S. 34 ff.

Availability (Verfügbarkeit): Das System ist immer verfügbar, was bedeutet, dass jede Anfrage an das System immer eine Antwort erhält, egal ob erfolgreich oder fehlerhaft.

Partition Tolerance (Partitionstoleranz): Das Gesamtsystem bleibt funktionsfähig, auch wenn es zu einem Netzwerkausfall zwischen einzelnen Knoten kommt, oder wenn einzelne Knoten ausfallen. Ebenso lassen sich jederzeit neue Knoten hinzufügen oder bestehende entfernen.[11]

3.3 Kategorien von NoSQL-Datenbanken

Die Verbreitesten Kategorien von NoSQL-Datenbanken sollen nun dargelegt werden.

3.3.1 Key/Value Stores

Schlüssel-Wert-Datenbanken sind eine grundlegende Form von NoSQL-Datenbanken, die auf einer simplen Struktur aus Schlüssel-Wert-Paaren basieren (heutzutage auch als Hash-Tabelle bekannt). Hier bestehen sowohl die Schlüssel als auch die Werte meist nicht aus komplexen Datentypen. Ein wesentliches Merkmal ist, dass jeder Schlüssel einzigartig sein muss, und es werden keine Indizes erstellt, sodass die Datenstruktur auf einer einfachen Schlüssel-Wert-Paarung aufgebaut ist. Diese Einfachheit ermöglicht es, Daten sehr schnell zu schreiben und zu lesen. Allerdings sind komplexere Operationen wie das Vergleichen oder die Verknüpfung von verschiedenen Datensätzen nicht direkt möglich.

Diese Form wird oft im Arbeitsspeicher (In-Memory) gehalten und verarbeitet, was zu hoher Geschwindigkeit beim Schreiben und Lesen führt. Sie eignen sich als flüchtige Zwischenspeicher, um Applikationen zu optimieren und Zugriffszeiten zu reduzieren. Jedoch eignen sie sich nicht für Anwendungen, die komplexere Selektionen und Filterungen erfordern.[12]

---

[12] Vgl. (Fasel & Meier, 2016), S. 113-115

Phone directory			MAC table	
Key	**Value**		**Key**	**Value**
Paul	(091) 9786453778		10.94.214.172	3c:22:fb:86:c1:b1
Greg	(091) 9686154559		10.94.214.173	00:0a:95:9d:68:16
Marco	(091) 9868564334		10.94.214.174	3c:1b:fb:45:c4:b1

Abbildung 2 - Ein Beispiel für ein Key/Value Store[13]

3.3.2 Document Stores

Document Stores sind eine Art von NoSQL-Datenbanken, die auf dem Prinzip der Key/Value Stores basieren, aber erweiterte Funktionen bieten. Sie speichern Daten als Wert (Value) in Form von „Dokumenten", die komplexe Datenstrukturen sind. Jedes Dokument ist durch einen einzigartigen Schlüssel, auch Key, identifiziert, der in der gesamten Datenbank eindeutig ist. Ein wichtiger Aspekt hierbei ist die Schemafreiheit, denn die Struktur der einzelnen Dokumente kann sehr unterschiedlich sein. Im Gegensatz zu herkömmlichen Key/Value Stores bieten sie die Möglichkeit, Dokumente anhand ihrer Attribute zu indexieren. Dies ermöglicht das Erstellen von Kollektionen (Gruppen ähnlicher Dokumente) und das Filtern von Dokumenten nach bestimmten Attributen. Es können auch Beziehungen zwischen Dokumenten hergestellt werden, indem auf Schlüsselwerte in anderen Dokumenten verwiesen wird. Neue Document Stores bieten auch Funktionen wie Autosharding, wodurch die Dokumente automatisch auf mehrere Maschinen verteilt werden können, was zu einer hohen horizontalen Skalierbarkeit führt.[14]

3.3.3 Spaltenorientierte Datenbank

Diese Art ist besonders effizient für die Verarbeitung großer Mengen strukturierter Daten, die für relationale Datenbanksysteme zu umfangreich sind. In spaltenorientierten Datenbanken wird jede Spalte separat gespeichert, was im Gegensatz zu zeilenorientierten Systemen steht. Dies ermöglicht eine effizientere Datenabfrage, da nur die relevanten Spalten für eine bestimmte Abfrage gelesen werden müssen. Spaltenorientierte Datenbanken bieten den Vorteil der Selbstindizierung, wodurch keine

---

[13] Vgl. (Redis Ltd. [Q3], 2023)
[14] Vgl. (Dorschel, 2015), S. 291 ff.

zusätzlichen Indizes erforderlich sind, was die Abfrageleistung verbessert. Außerdem ermöglichen sie aufgrund der einheitlichen Datentypen in den Spalten und der begrenzten Anzahl unterschiedlicher Werte pro Spalte eine hohe Datenkomprimierung, was Speicherplatz spart und die Speicherkosten reduziert. Ebenso ermöglicht diese Art eine ausgezeichnete Skalierbarkeit durch die Verteilung der Daten auf viele Server. Allerdings kann das Schreiben in die Datenbank, insbesondere bei Beteiligung mehrerer verschiedener Spalten, vergleichsweise langsam sein.[14]

3.3.4 Graphen Datenbanken

Graphen Datenbanken sind eine einzigartige Form von NoSQL-Datenbanken, die sich durch ihre spezielle Art der Datenspeicherung und Beziehungsabbildung unterscheiden. Anstelle von Schlüssel-Wert-Paaren verwenden sie Knoten und Kanten, um Entitäten und deren Beziehungen darzustellen. Diese Struktur macht es möglich, Beziehungen effizient zu speichern und abzufragen, ohne auf umfangreiche Relationstabellen oder Indizes angewiesen zu sein. Knoten repräsentieren dabei die Entitäten und Kanten die Beziehungen zwischen ihnen, wobei beide Elemente jeweils verschiedene Attribute besitzen können. Kanten können darüber hinaus gerichtet sein, was bedeutet, dass eine Beziehung eine spezifische Richtung hat.

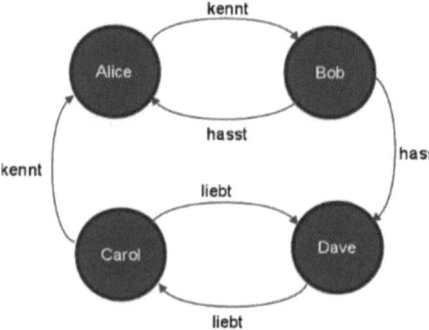

Dieses Datenbankmodell nutzt verschachtelte Listen, in denen jeder Knoten Informationen darüber hat, mit welchen anderen Knoten er verbunden ist. Dies eliminiert die Notwendigkeit für umfangreiche Relationstabellen und Indizes zur Berechnung von Beziehungen.

Abbildung 3 - Graphen Datenbank: Beispiel[15]

Das Hinzufügen neuer Knoten und Kanten in den Graphen verursacht keine signifikante Steigerung der Abfragekosten. Abfragen starten an einem bestimmten Knoten und folgen den Kanten durch den Graphen. Dies macht sie geeignet für Aufgaben wie das Finden

---

[15] Vgl. (Wikipedia [Q1], 2023)

des kürzesten Pfades. Sie bieten vor allem eine effiziente und flexible Möglichkeit, komplexe Beziehungsnetzwerke zu speichern und zu verarbeiten.[12]

3.4 Anwendungsfelder an Beispielen

3.4.1 Session Management mit Redis

Redis ist ein Open-Source, in-memory Key-Value Store. Es zeichnet sich besonders durch seine Merkmale wie in-memory Datenstrukturen, Programmierbarkeit, Erweiterbarkeit, Persistenz, Clustering und hohe Verfügbarkeit aus.[16]

In Webanwendungen ist das Session Management ein kritischer Aspekt, bei dem es darum geht, den Zustand eines Benutzers über mehrere HTTP-Anfragen hinweg zu verfolgen.

Wenn ein Benutzer sich in einer Webanwendung anmeldet, wird eine Session-ID generiert, welche wiederum in einem Cookie auf dem Client oder in der URL gespeichert wird. Auf der Serverseite werden die Session-Daten (wie Präferenzen, Login-Status, etc.) in Redis gespeichert, wobei die Session-ID als Schlüssel dient. Bei jeder nachfolgenden Anfrage kann die Session-ID verwendet werden, um die entsprechenden Session-Daten abzurufen. Aufgrund der In-Memory-Speicherung von Redis sind diese Zugriffe sehr schnell. Da Redis sehr leistungsfähig und skalierbar ist, kann es eine große Anzahl von Benutzern und Sessions effizient verwalten, was es ideal für große Webanwendungen macht.[17]

3.4.2 Content-Management-System mit MongoDB

MongoDB, eines der bekanntesten Beispiele für ein (Open-Source) Document Store, verwendet ein JSON-ähnliches Format namens BSON (Binary JSON) zur Speicherung von Daten. Die wichtigsten Eigenschaften sind hier die Skalierbarkeit, die leistungsstarke Abfragesprache sowie die mögliche Indexierung zur Verbesserung der Abfrageleistung.[18]

In einem CMS ist es entscheidend, eine Vielzahl von Inhaltstypen wie Texte, Bilder, Videos und andere Medienformate effizient zu verwalten. Durch die Schemafreiheit von MongoDB wird uns ein flexibles Content-Management angeboten, welches unterschiedliche Arten von Inhalten und Medien speichern kann.

---

[16] Vgl. (Redis Ltd. [Q1], 2023)
[17] Vgl. (Redis Ltd. [Q2], 2023)
[18] Vgl. (MongoDB Inc. [Q2], 2023)

Ebenso kann das Datenmodell dynamisch an den Inhalt angepasst werden, ohne umfangreiche Datenbankmigrationen durchführen zu müssen. Mit der leistungsstarken Abfragesprache kann man Inhalte basierend auf verschiedenen Kriterien effizient abfragen und filtern. Da CMS oft mit einer wachsenden Menge an Inhalten umgehen müssen, hilft die Skalierbarkeit von MongoDB, die Leistung auch bei zunehmender Last aufrechtzuerhalten.[19]

3.4.3 Zeitreihendaten in BigTable

Googles Cloud BigTable-Lösung ist eine spärlich belegte Tabelle, welche das Prinzip der spaltenorientierten Datenbank nutzt. Sie zeichnet sich durch ihre unglaublich hohe Skalierbarkeit und einfache Verwaltung sowie durch die Fähigkeit, Größenänderungen des Clusters ohne Ausfallzeiten zu ermöglichen, aus.[20]

BigTable bietet die Möglichkeit, umfangreiche Zeitreihendaten, die von Sensoren generiert werden, in Echtzeit zu erfassen und zu analysieren. Es ist besonders geeignet für die Bewältigung der hohen Geschwindigkeiten, die bei IoT-Datenströmen auftreten, und ermöglicht es, sowohl normale als auch anomale Verhaltensmuster zu identifizieren. Darüber hinaus bietet es Nutzern die Möglichkeit, Dashboards zu erstellen und Daten nahezu in Echtzeit zu analysieren, was für eine Vielzahl von Anwendungen nützlich für das Monitoring sein kann.[21]

3.4.4 Empfehlungssysteme mit Neo4j

Neo4j ist eine Open-Source Graphen Datenbank. Sie bietet ACID-konforme Transaktionssteuerung, Cluster Support und Runtime Failover an. Das Besondere an Neo4j ist, dass die Graphen so gespeichert werden, wie man sie abbildet. Sie werden also nicht als eine Abstraktion des eigentlichen Graphen gespeichert, wodurch das System sehr flexibel bleibt.[22]

Echtzeit-Empfehlungssysteme sind wichtig für den Erfolg eines Online-Geschäfts. Graphen Datenbanken sind besonders gut geeignet, um Verknüpfungen großer Mengen von Käufer- und Produktdaten zu erstellen, um Einblicke in die Bedürfnisse der Kunden und

---

[19] Vgl. (MongoDB Inc. [Q1], 2023)
[20] Vgl. (Google LLC [Q2], 2023)
[21] Vgl. (Google LLC [Q1], 2023)
[22] Vgl. (Neo4j Inc. [Q3], 2023)

Produkttrends zu gewinnen. [23] Die deutschsprachige Plattform „MoviePilot" nutzte schon 2013 Neo4j für ihr Filmempfehlungssystem.[24]

3.5 Vor- und Nachteile

Zusammengefasst aus den vorherigen Betrachtungen zu relationalen Datenbanken und NoSQL-Datenbanken dieser Arbeit werden nun die Vor- und Nachteile des jeweiligen Systems erörtert. Die wichtigsten Vor- und Nachteile der NoSQL-Datenbank-Kategorien wurden schon in ihrer jeweiligen Erörterung hervorgehoben.

Traditionelle, relationale Datenbanken werden seit mehreren Jahrzehnten erfolgreich eingesetzt. Sie bieten Vorteile in ihrer strukturierten Organisation der Daten in Tabellenform. Ebenso ermöglichen sie einfache Zugriffe durch standardisierte Abfragen mit SQL und ein starkes Konsistenzmodell und Transaktionssicherheit (ACID-Prinzipien). Nichtsdestotrotz haben relationale Datenbanken Schwierigkeiten bei der horizontalen Skalierung, insbesondere bei großen Datenmengen, und durch ihr starres Schema leidet die Flexibilität.

Als Antwort darauf entstanden NoSQL-Datenbanken, welche kein festes Schema aufweisen und eine dynamische Anpassung an unterschiedliche Datenstrukturen ermöglicht. Auch kann durch das einfache Hinzufügen von zusätzlichen Servern zur Infrastruktur die Skalierbarkeit verbessert werden. Die verschiedensten Formen von NoSQL-Datenbanken sind für spezifische Anwendungsfälle optimiert und dadurch besonders effizient. Allerdings ist das Konsistenzmodell schwächer als bei relationalen Datenbanken, was zu Herausforderungen bei der Datenintegrität führen kann. Ein großes, verteiltes System kann unter Umständen sehr aufwändig und komplex in der Verwaltung sein. Ein weiterer Nachteil von NoSQL-Datenbanken ist, dass keine standardisierte Abfragesprache wie SQL existiert.

---

[23] Vgl. (Neo4j Inc. [Q2], 2023)
[24] Vgl. (Neo4j Inc. [Q1], 2013)

4. Schluss

4.1 Zusammenfassung

Neue Anforderungen im Bereich der Datenverarbeitung führten in den 2000er-Jahren zur Entwicklung und zum Einsatz von nicht-relationalen Technologien („NoSQL"). NoSQL steht für „Nicht-SQL", kann aber auch als „Not only SQL" übersetzt werden.

Eigenschaften von NoSQL-Datenbanken: Nichtrelational, verteilt und horizontal skalierbar, schwache bis keine Schemarestriktionen, einfache Datenreplikation und Zugriff durch APIs, BASE als Konsistenzmodell, CAP-Theorem.

Key/Value Stores speichern Daten in Form von Schlüssel-Wert-Paaren. Jeder Schlüssel muss hierbei eindeutig sein. Diese einfache Struktur ermöglicht schnelles Schreiben und Lesen, allerdings sind komplexere Operationen nicht direkt möglich. Diese Form von NoSQL-Datenbanken wird oft In-Memory betrieben. Beispiel hierfür ist das Session Management von Webanwendungen mit Redis.

Document Stores basieren auch auf dem Schlüssel-Wert-Prinzip. Diese wiederum speichern als Wert ein Dokument. Jedes Dokument wird durch einen eindeutigen Schlüssel identifiziert. Document Stores bieten auch die Möglichkeit, Dokumente anhand ihrer Attribute zu indexieren, Kollektionen zu erstellen und Beziehungen zwischen Dokumenten herzustellen und ermöglichen Autosharding (Methode zum Verteilen von Dokumenten auf verschiedene Maschinen). Nützlich ist diese Form zum Beispiel für ein Content-Management-System mit MongoDB.

Spaltenorientierte Datenbanken speichern jede Spalte separat, wodurch diese eine effiziente Datenabfrage ermöglichen. Sie bieten ebenso den Vorteil der Selbstindizierung und weisen eine hohe Datenkomprimierung auf. Solche Systeme lassen sich auch durch die Verteilung der Daten/Spalten auf mehrere Server skalieren. Mithilfe dieser Form von NoSQL-Datenbanken lassen sich mit Google BigTable z.B. zu Monitoring-Zwecken Zeitreihendaten in Echtzeit analysieren und auswerten.

Graphen Datenbanken verwenden zur Speicherung von Entitäten und ihrer Beziehungen sog. Knoten und Kanten. Dadurch lassen sich die Beziehungen effizient speichern und abfragen. Das Modell nutzt verschachtelte Listen, um die Knoten und ihre Informationen, mit welchen anderen Knoten sie verbunden sind, zu speichern, ohne auf umfangreiche Relationstabellen angewiesen zu sein. Es kann beispielsweise für ein Empfehlungssystem, mit Neo4j für ein Online-Portal (wie z.B. MoviePilot), genutzt werden.

4.2 Kritische Reflexion

In dieser Arbeit wurde die Bedeutung von NoSQL-Datenbanken im Kontext der modernen Datenverarbeitung, in Betracht zur Länge der Arbeit, umfassend beleuchtet. Es wurde deutlich, dass NoSQL-Technologien entscheidend sind, um dem exponentiellen Datenwachstum und seinen Herausforderungen zu begegnen. Die Untersuchung verschiedener Datenbanktypen und ihrer jeweils dargelegten Anwendungsbeispielen haben ein tiefes Verständnis ihrer Flexibilität und Skalierbarkeit ermöglicht.

Es ist allerdings zu beachten, dass sich die Technologielandschaft, insbesondere im Bereich der Datenbanken und somit auch der NoSQL-Datenbanken, ständig weiterentwickelt. Deshalb kann diese Arbeit nur eine Momentaufnahme darstellen und ist in ihrer Aktualität stets begrenzt.

Obwohl die Ziele der Arbeit erreicht wurden, indem ein klares Bild von NoSQL-Datenbanken und ihrer Rolle in der heutigen Datenverarbeitung gezeichnet wurde, bleibt die Notwendigkeit bestehen, sich kontinuierlich mit neuen Entwicklungen und Trends in diesem dynamischen Feld auseinanderzusetzen.

Literaturverzeichnis

Dorschel, J. (2015). *Praxishandbuch Big Data* (1 Ausg.). Springer Gabler Wiesbaden. doi:https://doi-org.gw.akad-d.de/10.1007/978-3-658-07289-6

Fasel, D., & Meier, A. (2016). *Big Data* (1 Ausg.). Springer Vieweg Wiesbaden. doi:https://doi-org.gw.akad-d.de/10.1007/978-3-658-11589-0

Kaufmann, M., & Meier, A. (2023). *SQL- & NoSQL-Datenbanken* (9 Ausg.). Springer Vieweg Berlin, Heidelberg. doi:https://doi-org.gw.akad-d.de/10.1007/978-3-662-67092-7

Kleuker, S. (2016). *Grundkurs Datenbankentwicklung* (4 Ausg.). Springer Vieweg Wiesbaden. doi:https://doi-org.gw.akad-d.de/10.1007/978-3-658-12338-3

Schicker, E. (2017). *Datenbanken und SQL* (5 Ausg.). Springer Vieweg Wiesbaden. doi:https://doi-org.gw.akad-d.de/10.1007/978-3-658-16129-3

Steiner, R. (2. April 2021). Grundkurs Relationale Datenbanken. *10*, 240. Springer Vieweg Wiesbaden. doi:https://doi-org.gw.akad-d.de/10.1007/978-3-658-32834-4

Weber, P., Gabriel, R., Lux, T., & Menke, K. (2022). *Basiswissen Wirtschaftsinformatik* (4 Ausg.). Springer Vieweg Wiesbaden. doi:https://doi-org.gw.akad-d.de/10.1007/978-3-658-35616-3

Onlinequellenverzeichnis

Google LLC [Q1]. (2023). Cloud Bigtable: HBase-kompatible NoSQL-Datenbank. Abgerufen am 27. Dezember 2023 von https://cloud.google.com/bigtable?hl=de

Google LLC [Q2]. (2023). Leitfaden BigTable. Abgerufen am 27. Dezember 2023 von https://cloud.google.com/bigtable/docs/overview?hl=de

MongoDB Inc. [Q1]. (2023). *Content Management*. Abgerufen am 27. Dezember 2023 von https://www.mongodb.com/use-cases/content-management

MongoDB Inc. [Q2]. (2023). Was ist MongoDB? Abgerufen am 27. Dezember 2023 von https://www.mongodb.com/de-de/what-is-mongodb

Neo4j Inc. [Q1]. (14. Januar 2013). Moviepilot vergibt die Hauptrolle an Neo4j Enterprise. Abgerufen am 27. Dezember 2023 von https://neo4j.com/press-releases/moviepilot-vergibt-die-hauptrolle-an-neo4j-enterprise/?utm_medium=cpc&utm_source=google&gclid=CjwKCAjw-e2EBhAhEiwAJI5jg72OE5dm3dwSM1zWv_sw_oJxLpOs5jwWYQz4Vxgp80UdA-J8-J3ydxoCLBEQAvD_BwE&fbclid=IwAR0rPNKBf0x7G_cAdxFdSz2p_rP

Neo4j Inc. [Q2]. (2023). Use Cases: Recommendation Engine & Product Recommendation System. Abgerufen am 27. Dezember 2023 von https://neo4j.com/use-cases/real-time-recommendation-engine/

Neo4j Inc. [Q3]. (2023). What is a Graph Database? Abgerufen am 27. Dezember 2023 von https://neo4j.com/developer/graph-database/

Redis Ltd. [Q1]. (2023). Redis - A vibrant, open source database. Abgerufen am 27. Dezember 2023 von https://redis.io/

Redis Ltd. [Q2]. (2023). Session management and session state monitoring. Abgerufen am 27. Dezember 2023 von https://redis.com/solutions/use-cases/session-management/

Redis Ltd. [Q3]. (2023). What is a Key-Value Database? Abgerufen am 27. Dezember 2023 von https://redis.com/nosql/key-value-databases/

Wikipedia [Q1]. (2023). Graphdatenbank. Abgerufen am 27. Dezember 2023 von
Wikipedia:
https://de.wikipedia.org/wiki/Graphdatenbank#/media/Datei:Graphdatenbank-
beispiel1.png

Abbildungsverzeichnis

Glossar

Begriff	Bedeutung
Big Data	Vielfältige und große Mengen an Daten, welche in einem kurzen Zeitraum entstehen.
Cache	Temporärer Speicherbereich, der schnellen Zugriff auf häufig genutzte Daten bietet.
Cluster	Gruppe von miteinander verbundenen Computern, die als ein einzelnes System fungieren.
Datenbankinfrastruktur	Gesamtheit der Hardware, Software, etc. die für die Speicherung, Verwaltung und Zugriff auf Datenbanken erforderlich sind.
Datenbankschema	Strukturelle Definition, die das Organisationsprinzip einer Datenbank festlegt.
Datenbanksprache	(Programmier-)Sprache, die verwendet wird, um Daten in einer Datenbank zu definieren, abzufragen und zu manipulieren.
Datenintegrität	Beschreibt die Genauigkeit, Vollständigkeit und Zuverlässigkeit von Daten innerhalb einer Datenbank durch Maßnahmen, die sicherstellen, dass Daten korrekt, konsistent und zugänglich sind.
IoT	„Internet of Things" – bezieht sich auf das Netzwerk von physischen Objekten, die mit Sensoren, Software, etc. ausgestattet sind.
Knoten in einem Netzwerk/Netzwerkknoten/Knoten	Ein Knoten ist ein einzelnes Gerät innerhalb eines Netzwerks. Ein Gerät ist hierbei z.B. ein Computer, ein Server oder alles, das Daten senden, empfangen oder weiterleiten kann.
Konsistenz	Konsistenz bedeutet, dass die Daten genau und fehlerfrei sind. Nach jeder Aktion, wie Hinzufügen oder Ändern von Daten, bleiben diese logisch korrekt.

Monitoring	Prozess der kontinuierlichen Überwachung und Analyse von Systemen, Netzwerken und Prozessen.
NoSQL	Nicht-SQL, Not-only-SQL. Beschreibt nicht-relationale Datenbanken.
Open-Source	Software, deren Quellcode öffentlich zugänglich ist und von der Gemeinschaft modifiziert und geteilt werden kann.
Redundanz	Redundanz einer Datenbank bezieht sich auf das Vorhandensein von duplizierten Daten.
Runtime Failover	Prozess, bei dem ein System automatisch auf ein Reservesystem umschaltet, um die Funktionsfähigkeit bei einem Ausfall zu gewährleisten.
Sensoren	Geräte, die physikalische oder chemische Eigenschaften erfassen und in elektronische Signale umwandeln.
SQL	Structured Query Language, Datenbanksprache.
Cookie	Kleine Datendatei, die von einer Website auf dem Computer/mobilen Gerät eines Benutzers gespeichert wird, um Informationen über diesen zu speichern.